W0185572

So wird es gemacht:

Öffne das LÜK®-Kontrollgerät und lege die Plättchen in den unbedruckten Deckel!
Jetzt kannst du auf den Plättchen und auf der Bodenplatte die Zahlen 1 bis 24 sehen.

Beispiel: Seite 2 **Aus „Die“ wird „Sie“, aus „Das“ wird „Es“, und aus „Der“ wird „Er“.**
Nimm das Plättchen 1 und sieh dir Aufgabe 1 an:
Die Sonne scheint.
Suche nun das richtige Fürwort aus!
Die Lösung ist **Sie** mit der Feldzahl 13.

Lege das Plättchen 1 auf die Zahl 13 des Gerätebodens!

1	2	3	4	5	6
7	8	9	10	11	12
13	14	15	16	17	18
19	20	21	22	23	24

So musst du weiterarbeiten, bis alle Plättchen im Geräteboden liegen.

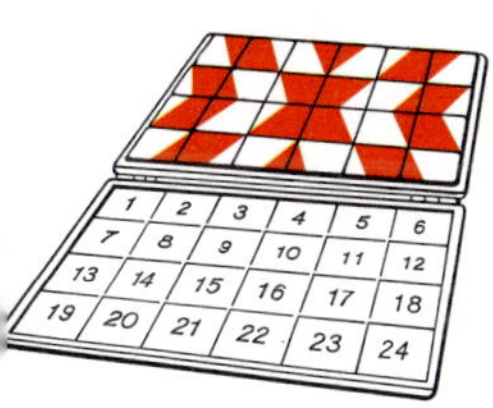

Schließe dann das Gerät und lege es herum! Öffne es von der Rückseite! Wenn du das bei der Übungsreihe abgebildete Muster siehst, hast du alle Aufgaben richtig gelöst. Passen einige Plättchen nicht in das Muster, dann hast du dort Fehler gemacht. Wende diese Plättchen dort, wo sie liegen, um, schließe den Kasten, lege ihn herum und öffne ihn wieder! Nun kannst du sehen, welche Aufgaben du falsch gelöst hast. Nimm jetzt diese Plättchen heraus und suche die richtigen Ergebnisse! Kontrolliere dann noch einmal! Stimmt jetzt das Muster?

Und nun viel Spaß!

Hinweis: Übungen mit einer Sternschnuppe  stellen erhöhte Anforderungen.

Dieses Papier wurde aus chlorfrei gebleichtem Zellstoff hergestellt

Aus „Die“ wird „Sie“, aus „Das“ wird „Es“, . . .

Die Farben helfen dir bei der Lösung der Aufgaben.

1

Die	Sonne scheint.
?	scheint.

Er 19	Sie 13	Es 2

2

Das	Auto fährt.
?	fährt.

Er 6	Sie 21	Es 5

3

Der	Ball hüpft.
?	hüpft.

Er 16	Sie 2	Es 18

4

Die	Blume blüht.
?	blüht.

Er 22	Sie 2	Es 11

5

Das	Wasser kocht.
?	kocht.

Er 23	Sie 19	Es 21

6

Der	Hund bellt.
?	bellt.

Er 18	Sie 15	Es 1

7

Die	Fahne weht.
?	weht.

Er 20	Sie 11	Es 22

8

Das	Eis tropft.
?	tropft.

Er 24	Sie 8	Es 19

9

Der	Regen fällt.
?	fällt.

Er 15	Sie 24	Es 3

10

Die	Nase juckt.
?	juckt.

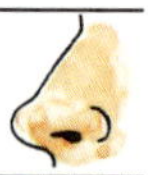

Er 21	Sie 22	Es 1

11

Das	Huhn pickt.
?	pickt.

Er 4	Sie 17	Es 8

12

Der	Stern leuchtet.
?	leuchtet.

Er 24	Sie 3	Es 5

. . . und aus „Der“ wird „Er“

13

Die	Biene sticht.
?	sticht.

Er 9	Sie 1	Es 14

14

Das	Gras wächst.
?	wächst.

Er 15	Sie 23	Es 17

15

Der	Teddy brummt.
?	brummt.

Er 3	Sie 18	Es 4

16

Die	Katze frisst.
?	frisst.

Er 8	Sie 14	Es 12

17

Das	Bett quietscht.
?	quietscht.

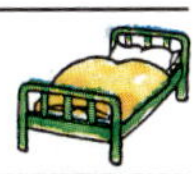

Er 13	Sie 7	Es 23

18

Der	Zug hält.
?	hält.

Er 4	Sie 9	Es 10

19

Die	Rakete fliegt.
?	fliegt.

Er 16	Sie 12	Es 6

20

Das	Baby schläft.
?	schläft.

Er 14	Sie 20	Es 7

21

Der	Affe klettert.
?	klettert.

Er 9	Sie 7	Es 10

22

Die	Mütze wärmt.
?	wärmt.

Er 17	Sie 6	Es 13

23

Das	Feuer brennt.
?	brennt.

Er 11	Sie 5	Es 20

24

Der	Clown lacht.
?	lacht.

Er 10	Sie 16	Es 12

Das kannst du jetzt . . .

1	Der Ball	> hüpft.		Er 14	Sie 13	Es 4
2	Die Blume	> blüht.		Er 9	Sie 18	Es 6
3	Das Eis	> tropft.		Er 1	Sie 17	Es 21
4	Der Hund	> bellt.		Er 13	Sie 5	Es 2
5	Die Nase	> juckt.	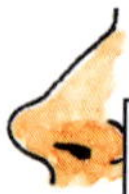	Er 5	Sie 9	Es 1
6	Der Stern	> leuchtet.		Er 17	Sie 22	Es 19
7	Die Sonne	> scheint.		Er 10	Sie 5	Es 20
8	Das Huhn	> pickt.		Er 23	Sie 2	Es 1
9	Das Auto	> fährt.		Er 24	Sie 6	Es 22
10	Das Wasser	> kocht.		Er 19	Sie 3	Es 10
11	Die Fahne	> weht.		Er 21	Sie 2	Es 23
12	Der Regen	> fällt.		Er 6	Sie 15	Es 22

. . . und dies natürlich auch

13	Der Teddy	> brummt.		Er 19	Sie 11	Es 20
14	Das Bett	> quietscht.		Er 14	Sie 12	Es 23
15	Der Affe	> klettert.		Er 15	Sie 18	Es 16
16	Der Zug	> hält.		Er 20	Sie 11	Es 7
17	Der Clown	> lacht.		Er 12	Sie 8	Es 15
18	Die Biene	> sticht.		Er 4	Sie 16	Es 13
19	Die Rakete	> fliegt.		Er 17	Sie 11	Es 24
20	Die Mütze	> wärmt.		Er 10	Sie 8	Es 7
21	Das Gras	> wächst.		Er 16	Sie 3	Es 4
22	Das Feuer	> brennt.		Er 8	Sie 14	Es 24
23	Das Baby	> schläft.		Er 12	Sie 18	Es 7
24	Die Katze	> frisst.		Er 21	Sie 3	Es 9

„Dem“ oder „den“, „die“ oder „der“, . . .

Die Umrandungen helfen dir bei der Lösung.

1		Die Kanne steht auf ___ Tisch.	dem den	6 5
2		Der Füller liegt neben ___ Buch.	das dem	7 4
3		Die Maus rennt in ___ Loch.	das dem	1 3
4		Das Baby schläft in ___ Wiege.	der die	5 9
5		Der Vogel landet auf ___ Dach.	den dem	11 7
6		Das Kind spielt hinter ___ Haus.	das dem	2 3
7		Die Rakete zischt in ___ Himmel.	den dem	9 8
8		Die Biene sticht durch ___ Haut.	die der	11 12
9		Die Cola sprudelt in ___ Flasche.	der die	2 10
10		Das Wasser tropft auf ___ Sand.	dem den	17 8
11		Die Ente schwimmt auf ___ See.	dem den	12 15
12		Der Kasper singt auf ___ Bühne.	die der	13 10

… „dem“ oder „das“ ?

13

Der Fuchs schleicht durch ___ Gras.

das 17
dem 18

14

Der Clown sitzt auf ___ Kiste.

die 22
der 15

15

Die Katze frisst aus ___ Napf.

der 14
dem 13

16

Der Blinde wartet an ___ Ecke.

der 18
die 21

17

Das Foto klebt an ___ Wand.

die 24
der 22

18

Das Kamel zieht durch ___ Wüste.

der 20
die 14

19

Das Kind schreibt an ___ Oma.

die 21
der 16

20

Das Blatt fällt auf ___ Boden.

den 24
dem 23

21

Der Junge zeltet auf ___ Wiese.

die 19
der 20

22

Der Affe spielt auf ___ Ast.

dem 16
den 6

23

Der Schlüssel hängt unter ___ Brett.

dem 23
das 4

24

Das Beil steckt in ___ Klotz.

den 1
dem 19

Wie ist es richtig?

1

Das Baby schläft ...

in der 23 / die 24 Wiege.

2

Das Wasser tropft ...

auf dem 7 / den 16 Sand.

3

Der Füller liegt ...

neben das 15 / dem 20 Buch.

4

Der Vogel landet ...

auf dem 24 / den 3 Dach.

5

Die Rakete zischt ...

in den 7 / dem 11 Himmel.

6

Der Kasper singt ...

auf die 19 / der 15 Bühne.

7

Das Kind spielt ...

hinter das 8 / dem 3 Haus.

8

Die Kanne steht ...

auf dem 11 / den 12 Tisch.

9

Die Ente schwimmt ...

auf dem 19 / den 4 See.

10

Die Cola sprudelt ...

in der 8 / die 17 Flasche.

11

Die Maus rennt ...

in das 12 / dem 21 Loch.

12

Die Biene sticht ...

durch die 4 / der 13 Haut.

Und was musst du hier einsetzen ?

13

Das Foto klebt . . .

an [die 18 | der 17] Wand.

14

Der Blinde wartet . . .

an [der 21 | die 10] Ecke.

15

Die Katze frisst . . .

aus [der 14 | dem 13] Napf.

16

Das Kind schreibt . . .

an [die 18 | der 9] Oma.

17

Der Junge zeltet . . .

auf [die 5 | der 10] Wiese.

18

Der Schlüssel hängt . . .

unter [dem 14 | das 1] Brett.

19

Das Beil steckt . . .

in [den 22 | dem 9] Klotz.

20

Der Fuchs schleicht . . .

durch [das 5 | dem 6] Gras.

21

Der Clown sitzt . . .

auf [die 2 | der 1] Kiste.

22

Der Affe spielt . . .

auf [den 23 | dem 22] Ast.

23

Das Kamel zieht . . .

durch [der 16 | die 6] Wüste.

24

Das Blatt fällt . . .

auf [den 2 | dem 20] Boden.

Der richtige Gebrauch ...

Achte auf die Umrandungen!

1

ein ______ Affe

junger 5 | junge 6

2

eine ______ Treppe

steiles 7 | steile 3

3

mein ______ Apfel

süße 4 | süßer 2

4

meine ______ Tube

leeres 10 | leere 6

5

dein ______ Mund

rote 11 | roter 7

6

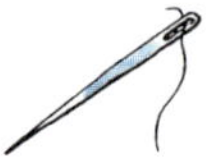

deine ______ Nadel

spitze 4 | spitzes 1

7

sein ______ Seil

kurze 8 | kurzes 10

8

seine ______ Mütze

dicke 11 | dicker 12

9

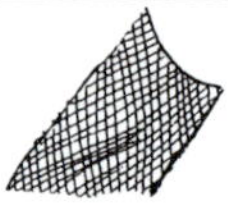

ihr ______ Netz

feines 1 | feine 9

10

ihre ______ Feder

leichtes 17 | leichte 8

11

unser ______ Haus

kleiner 16 | kleines 12

12

unsere ______ Oma

liebe 9 | liebes 13

. . . von Eigenschaftswörtern (Adjektiven)

13

euer [ ] Auto

blauer 18 | blaues 17

14

eure [ ] Tasse

volles 21 | volle 16

15

ihr [ ] Hut

alter 13 | alte 14

16

ihre [ ] Uhr

goldener 22 | goldene 18

17

kein [ ] Wind

starker 21 | starke 23

18

keine [ ] Jacke

warme 14 | warmes 19

19

mein [ ] Boot

kleines 22 | kleine 15

20

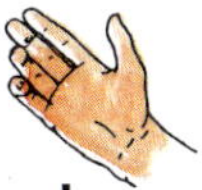

meine [ ] Hand

rechtes 24 | rechte 23

21

dein [ ] Haar

langer 20 | langes 19

22

deine [ ] Hose

kurze 15 | kurzes 5

23

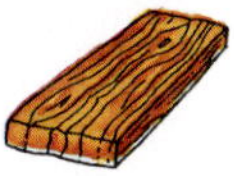

sein [ ] Brett

dünne 3 | dünnes 24

24

seine [ ] Brille

neue 20 | neuer 2

Wie ist das Ding ?

1	seine		Mütze	dicke 23	dicker 2	dickes 24
2	dein		Mund	rote 1	roter 19	rotes 4
3	ihre		Feder	leichte 9	leichter 20	leichtes 23
4	unser		Haus	kleine 13	kleiner 5	kleines 24
5	meine		Tube	leere 4	leerer 17	leeres 14
6	sein		Seil	kurze 2	kurzer 10	kurzes 20
7	deine	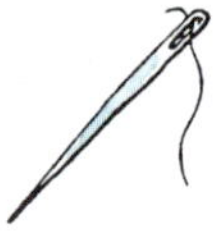	Nadel	spitze 13	spitzer 3	spitzes 21
8	ein		Affe	junge 18	junger 17	junges 6
9	ihr	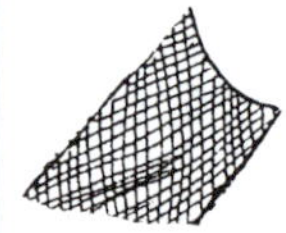	Netz	feine 14	feiner 19	feines 10
10	eine		Treppe	steile 3	steiler 11	steiles 22
11	unsere		Oma	liebe 18	lieber 7	liebes 20
12	mein		Apfel	süße 22	süßer 14	süßes 3

Setze auch hier richtig ein !

13 ihr	alte 14	14 mein	kleine 9	15 kein	starke 8
	alter 11		kleiner 1	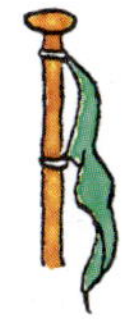	starker 22
Hut	altes 12	Boot	kleines 7	Wind	starkes 21
16 dein	lange 18	17 euer	blaue 5	18 deine	kurze 21
	langer 2		blauer 13		kurzer 16
Haar	langes 12	Auto	blaues 1	Hose	kurzes 12
19 keine	warme 2	20 seine	neue 5	21 ihre	goldene 16
	warmer 8		neuer 7		goldener 11
Jacke	warmes 15	Brille	neues 6	Uhr	goldenes 15
22 eure	volle 8	23 meine	rechte 6	24 sein	dünne 9
	voller 23	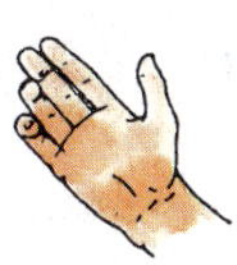	rechter 19		dünner 16
Tasse	volles 10	Hand	rechtes 17	Brett	dünnes 15

Wer macht hier was?

Beachte die Reihenfolge der Aufgaben!

 Das ist Peter.		 Das ist Kathrin.
1 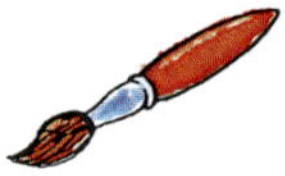 Er ______ .	sitzt 6 malt 14	7 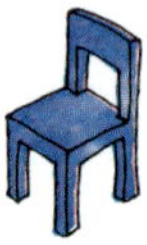 Sie ______ .
2  Er ______ .	pfeift 18 würfelt 2	8  Sie ______ .
3  Er ______ .	schraubt 21 gräbt 22	9  Sie ______ .
4  Er ______ .	gießt 10 angelt 13	10  Sie ______ .
5  Er ______ .	bügelt 9 klingelt 1	11  Sie ______ .
6  Er ______ .	liest 5 sägt 17	12  Sie ______ .

Und was machen diese beiden ?

Das sind Norbert und Martina.

13  Sie ________ .	fliegen 11 zelten 20	19  Sie ________ .
14  Sie ________ .	harken 24 rudern 8	20  Sie ________ .
15 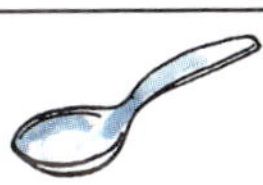 Sie ________ .	laufen 3 essen 15	21  Sie ________ .
16 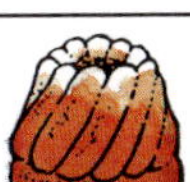 Sie ________ .	waschen 23 backen 19	22  Sie ________ .
17  Sie ________ .	schneiden 12 spielen 7	23  Sie ________ .
18 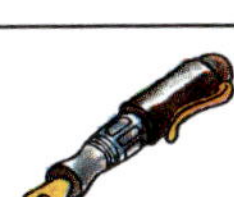 Sie ________ .	schreiben 16 reiten 4	24 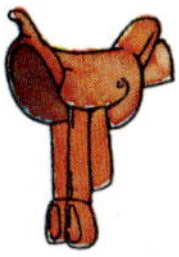 Sie ________ .

Welches Wort musst du einsetzen ?

1	  ______ ein Bild.	malen 4
2	 und   ______ ein Bild.	malt 12
3	  ______ eine 6.	würfelt 7
4	 und   ______ eine 6.	würfeln 11
5	  ______ ein Loch.	graben 3
6	 und   ______ ein Loch.	gräbt 19
7	  ______ die Blumen.	gießen 23
8	 und   ______ die Blumen.	gießt 15
9	  ______ die Wäsche.	bügelt 8
10	 und   ______ die Wäsche.	bügeln 20
11	  ______ ein Buch.	lesen 16
12	 und   ______ ein Buch.	liest 24

Fülle auch hier die Lücken aus !

13	 _____ im Garten.	zelten 9
14	 und  _____ im Garten.	zeltet 5
15	 _____ das Laub.	harkt 1
16	 und  _____ das Laub.	harken 6
17	 _____ nach Hause.	laufen 2
18	 und  _____ nach Hause.	läuft 22
19	 _____ Papier.	schneiden 18
20	 und  _____ Papier.	schneidet 21
21	 _____ im Hof.	spielt 14
22	 und  _____ im Hof.	spielen 10
23	 _____ einen Brief.	schreiben 13
24	 und  _____ einen Brief.	schreibt 17

„Ich“ und „Du“, . . .

Die Farben helfen dir bei der Zuordnung.

Ich 7 Du 2 Er 5 Wir 11	1  harke den Weg.	Ich 7 Du 4 Er 5 Wir 19	2  spielt Federball.
Ich 12 Du 3 Er 15 Wir 16	3  kaufen eine Vase.	Ich 10 Du 2 Er 17 Wir 6	4  bügelst das Hemd.
Ich 8 Du 1 Er 4 Wir 24	5  schläft auf der Bank.	Ich 18 Du 15 Er 4 Wir 12	6  gehen ins Kino.
Ich 14 Du 3 Er 20 Wir 17	7  fliegen nach Hause.	Ich 9 Du 1 Er 14 Wir 23	8  schläfst im Zelt.
Ich 22 Du 6 Er 15 Wir 21	9  lutscht ein Eis.	Ich 3 Du 19 Er 12 Wir 17	10 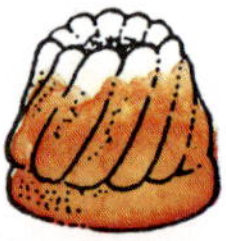 backe einen Kuchen.
Ich 14 Du 11 Er 2 Wir 13	11  male ein Bild.	Ich 1 Du 22 Er 6 Wir 16	12  strickt den Schal.

. . . „Er“ und „Wir“

Ich 6 | Du 19 | Er 8 | Wir 21

13

trinkst aus dem Glas.

Ich 5 | Du 23 | Er 11 | Wir 22

14

sammelt Münzen.

Ich 23 | Du 21 | Er 22 | Wir 7

15

mischt Farben.

Ich 20 | Du 18 | Er 4 | Wir 8

16

verstecken Eier.

Ich 13 | Du 18 | Er 23 | Wir 17

17

trägt den Hammer.

Ich 21 | Du 8 | Er 9 | Wir 16

18

pflücke eine Blume.

Ich 3 | Du 9 | Er 24 | Wir 18

19

singen ein Lied.

Ich 24 | Du 13 | Er 20 | Wir 15

20

hörst Radio.

Ich 9 | Du 10 | Er 14 | Wir 19

21

beobachte Rehe.

Ich 2 | Du 7 | Er 24 | Wir 10

22

schneidet Zwiebeln.

Ich 20 | Du 11 | Er 5 | Wir 13

23

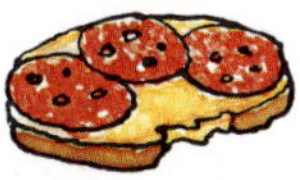

esse ein Brot.

Ich 12 | Du 10 | Er 16 | Wir 1

24

knackst Nüsse.

Einsetzübung mit jeweils . . .

1

12 Ich — 17 Du

____ bügelst das Hemd.

2

3 Er — 7 Wir

____ kaufen eine Vase.

3

10 Er — 14 Wir

____ schläft auf der Bank.

4

12 Wir — 1 Ich

____ gehen ins Kino.

5

5 Er — 3 Wir

____ fliegen nach Hause.

6

14 Du — 9 Er

____ schläfst im Zelt.

7

1 Er — 4 Wir

____ spielt Federball.

8

5 Ich — 6 Du

____ harke den Weg.

9

2 Du — 9 Er

____ lutscht ein Eis.

10

23 Wir — 4 Ich

____ male ein Bild.

11

6 Er — 19 Wir

____ strickt einen Schal.

12

2 Ich — 21 Du

____ backe einen Kuchen.

. . . zwei Möglichkeiten

13 

23 Wir | 13 Ich

____ verstecken Eier.

14 

22 Du | 19 Ich

____ pflücke eine Blume.

15 

8 Er | 21 Wir

____ singen ein Lied.

16 

24 Ich | 11 Du

____ esse ein Brot.

17 

13 Er | 15 Wir

____ sammelt Münzen.

18 

20 Du | 22 Ich

____ beobachte Rehe.

19 

18 Du | 8 Er

____ schneidet Zwiebeln.

20 

11 Du | 16 Er

____ trinkst aus dem Glas.

21 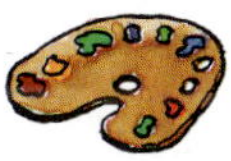

15 Er | 17 Wir

____ mischt Farben.

22 

7 Ich | 20 Du

____ knackst Nüsse.

23 

10 Ich | 18 Du

____ hörst Radio.

24 

16 Er | 12 Wir

____ trägt den Hammer.

Lauter Eigenschaften

die	______ 1		Schere	helle	18
die	______ 2		Lampe	scharfe	14
der	______ 3	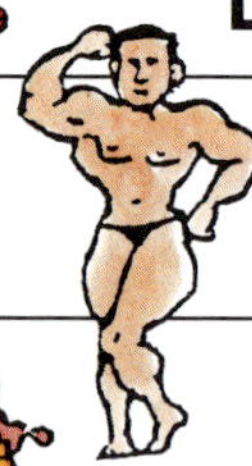	Mann	starke	21
das	______ 4		Eis	laute	9
die	______ 5		Pfeife	schwere	17
der	______ 6		Stein	kalte	13
die	______ 7		Dusche	teure	1
der	______ 8		Ring	warme	5
die	______ 9		Zitrone	saure	22
der	______ 10		Berg	steile	10
die	______ 11		Farbe	arme	6
der	______ 12		Bettler	blaue	2

Und was passt hier am besten ?

die ______	13		Öfen	roten 23
die ______	14		Kirschen	kranken 15
die ______	15		Kinder	heißen 19
die ______	16	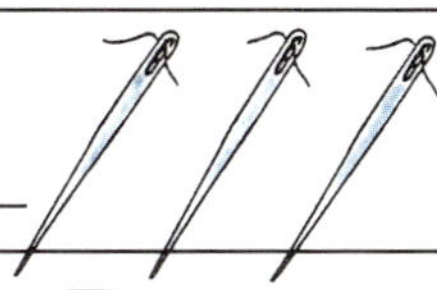	Nadeln	schnellen 12
die ______	17		Autos	giftigen 16
die ______	18		Schlangen	spitzen 20
die ______	19		Bücher	dicken 11
die ______	20		Häuser	weichen 4
die ______	21		Betten	hohen 8
die ______	22		Kronen	grünen 7
die ______	23		Frösche	bunten 3
die ______	24		Bälle	goldenen 24

Gleich ist Schluss

der ______ 1
die ______ 2

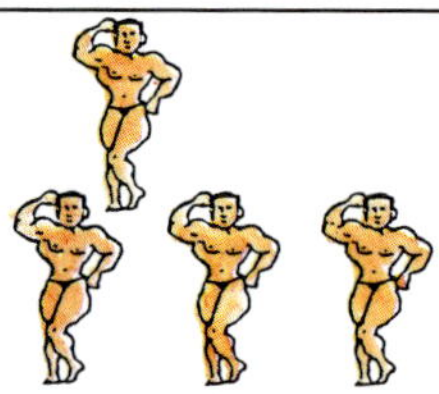

starken : 5 starke : 13

die ______ 3
die ______ 4

giftigen : 2 giftige : 16

die ______ 5
die ______ 6

scharfen : 18 scharfe : 21

die ______ 7
die ______ 8

saure : 11 sauren : 19

der ______ 9
die ______ 10

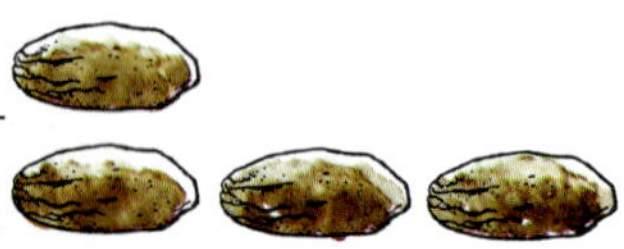

schwere : 15 schweren : 22

die ______ 11
die ______ 12

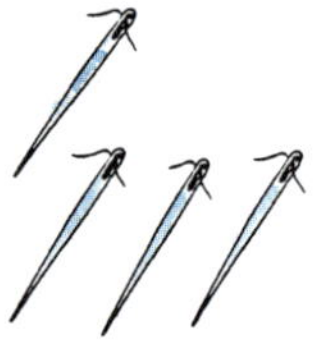

spitze : 8 spitzen : 24

der ______ 13
die ______ 14

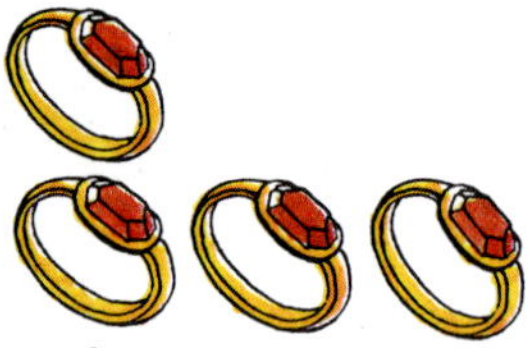

teuren : 17 teure : 1

der ______ 15
die ______ 16

steile : 3 steilen : 14

das ______ 17
die ______ 18

hohe : 23 hohen : 4

das ______ 19
die ______ 20

schnellen : 7 schnelle : 12

das ______ 21
die ______ 22

dicken : 6 dicke : 9

das ______ 23
die ______ 24

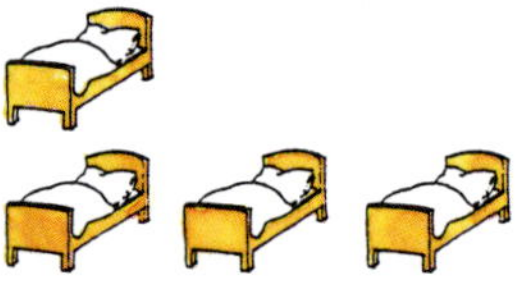

weiche : 20 weichen : 10